AF266886

ORAISON FUNÈBRE

DE

DON MATHIAS VINUÉSA.

IMPRIMERIE DE C. J. TROUVÉ.

ORAISON FUNÈBRE

DE

DON MATHIAS VINUÉSA,

CHAPELAIN HONORAIRE DU ROI D'ESPAGNE, ARCHIDIACRE DE
TARAGONA, ET ANCIEN CURÉ DE TAMAJON;

PRONONCÉE PAR LE DOCTEUR

DON ÉDOUARD-JOSEPH-RODRIGUEZ DE CARESSA,

CHANOINE DE L'ILLUSTRE ÉGLISE DE BERLANGA,

Dans le service solennel célébré en l'église de Saint-Placide des
Religieuses de l'Incarnation, à Madrid ;

TRADUITE DE L'ESPAGNOL PAR ERNEST DE BL****, [Blosseville]

ET PUBLIÉE AU PROFIT DES ESPAGNOLS RÉFUGIÉS.

PARIS,

CHEZ C.-J. TROUVÉ, IMPRIMEUR-LIBRAIRE,

RUE NEUVE-SAINT-AUGUSTIN, N. 17 ;

CHEZ PETIT, PONTHIEU ET DELAUNAY, LIBRAIRES,

Au Palais-Royal.

1823.

ORAISON FUNÈBRE

DE

DON MATHIAS VINUÉSA.

Condemnat autem justus mortuus vivos impios.
Sapient cap. 5.

S'il est un temps pour pleurer, comme l'enseigne l'Esprit-saint, ce temps est venu pour nous, mes frères. Enfin, nos yeux, gonflés de larmes peuvent en verser des torrens qui témoignent l'étendue de notre peine et l'amertume de notre affliction à la mort violente et atroce qu'a soufferte le vertueux prêtre dont nous célébrons en ce jour le service solennel. Le temps de le pleurer est venu pour nous. Cet autel, couvert des voiles du deuil, ces chants graves et mélancoliques, ces torches funéraires, ces tentures lugubres, la tristesse empreinte sur vos visages, tout atteste la douleur publique.  Aujourd'hui, nous lui payons le tribut de nos larmes; aujourd'hui, nous le pleurons, et nous le pleurons comme il le mérite. Mais quoi, mes frères? N'y a-t-il pas plus de deux ans.

que ce martyr fut immolé? Vingt-cinq mois entiers ne se sont-ils pas écoulés depuis qu'il a disparu de notre terre? N'a-t-il pas été assassiné dans la soirée du 4 mai 1821? Comment avons-nous pu tarder si long-temps à honorer sa mémoire, à célébrer son trépas, à pleurer sur ses cendres? Comment avons-nous été si lents, malgré le conseil de l'Esprit-Saint, à rendre les derniers honneurs à une victime dont le souvenir nous est si cher? Pourquoi avons-nous laissé passer les jours, les semaines, les mois, les années mêmes sans remplir un tel devoir? Pourquoi?... Hélas! O triste époque où nous avons vécu! Époque douloureuse qui ne s'effacera jamais de notre mémoire! Jours amers, mois d'infortunes! années fatales! bonheur.... paix.... liberté.... mots trompeurs et vides de sens! Quand avons-nous supporté plus de malheurs? Quand avons-nous été plus exposés à perdre la vie à chaque instant? Quand avons-nous souffert un plus cruel esclavage? Et les soupirs et les larmes nous étoient interdits. Nous ne pouvions ni pleurer ni sentir la perte d'un juste. Quelle pénible situation! Mais le pire de nos maux est arrivé. Enfin, mes frères, ces temps d'horreur sont

passés pour ne jamais revenir. Au milieu de sa terrible justice, le Seigneur s'est souvenu de ses antiques miséricordes; il a eu pitié de nous; il nous a rendu la liberté : la liberté d'être et de nous dire hautement ses fils; la liberté, d'être fidèles à la Religion, obéissants à l'Église, soumis à notre Roi...., la véritable, l'unique liberté. Nous la goûtons depuis plusieurs jours, et déjà nous voici rassemblés dans le temple du Très-Haut, pour lui demander le repos éternel d'un frère, d'un juste, dont la mort a confondu les impies qui vouloient se venger par leurs tortures de la guerre constante qu'il leur avoit faite toute sa vie. *Condemnat autem justus mortuus vivos impios.*

Frappée d'un coup inattendu, l'Espagne demeura pétrifiée d'étonnement, lorsqu'au mois de mars 1820, époque funeste qui restera toujours gravée en caractères de sang dans les pages de l'Histoire; elle sut que son Roi, maîtrisé par la violence la plus atroce et menacé de la mort, avoit prêté à l'infâme constitution le serment ignominieux qu'il va bientôt rétracter au milieu de l'ivresse de la nation entière. Dès cet instant, elle comprit bien que ces paroles flatteuses, *librement et de mon plein gré,* dont se servit le monarque pour lui annoncer ce fatal événement, lui avoient été dictées le poignard régicide sur la gorge, et elle se vit violemment agitée par deux sentimens opposés, non moins puissans l'un que l'autre; d'un côté, la juste indignation et la sainte colère de voir son Roi resserré entre des chaînes occultes; de l'autre, la soumission respectueuse et l'obéissance aveugle au seing du monarque qui accompagnoit tous les décrets. Indécise, flottant entre mille résolutions diverses, elle est déchirée par la lutte terrible que causent des sentimens si contraires. Elle sait que son Roi a été surpris, que tout ce qu'il paroît ordonner lui est imposé par une force irrésistible; et cette triste certitude l'inquiète, l'agite, la met hors d'elle-même; elle voit que c'est son souverain, que c'est Ferdinand qui ordonne, et cette vue la calme, l'apaise, la retient. Elle remarque que le nouveau système de gouvernement, loin de sanctionner une institution aussi respectable, fait cesser les augustes fonctions du tribunal de la foi, du saint tribunal de l'inquisition, dont la nécessité, l'utilité, les services, la douceur, la sagesse, la justice et l'équité étoient bien connus même

de ses plus grands ennemis, dont la conserva-
tion avoit été demandée en 1813, non-seule-
ment par les prélats, les chapitres et les cor-
porations ecclésiastiques, mais par beaucoup
d'officiers, cinq colonels, neuf brigadiers et
vingt-sept généraux. Elle remarque qu'on ôte
à la presse d'utiles entraves, et qu'on lui donne
une liberté précurseur de tous les maux ; elle
voit se remplir d'obstacles le chemin qui conduit aux cloîtres; leur accès fermé aux vierges
pures, aux jeunes innocens, et les moyens les
plus énergiques mis en œuvre, pour les faire
abandonner à jamais de leurs pieux habitans.
L'abolition des Jésuites est confirmée ; des
Jésuites dont le nom seul est le meilleur éloge
et l'apologie la plus complète ; avec eux sont
détruits les moines ; le sacrilége s'empare de
leurs biens, et sous prétexte de réforme, le
clergé régulier est anéanti. Enfin, une multitude
de lois et des décrets sans nombre viennent,
les uns changer la discipline ecclésiastique
établie, les autres s'opposer aux ordres et aux
déterminations du Très-Saint pape Pie VI,
d'heureuse mémoire et de louange éternelle :
tant on se traîne avec servilité sur les traces
honteuses de l'Angleterre dans ce règne fatal

d'Henri VIII, qui la sépara de la véritable Église, et de la France dans le dernier siècle, lorsque cette nation catholique et très-chrétienne sembloit devenue la plus athée et la plus impie de la terre; tous conspirent ouvertement la ruine de l'Autel et du Trône. La pieuse Espagne voit tous ces malheurs, et dans l'ardeur d'un saint zèle, elle voudroit élever sa voix en gémissemens, et crier hautement contre les scandales dont elle est le triste témoin; mais quand elle va se livrer à sa juste indignation, une réflexion l'arrête : le seing royal confirme ces horreurs qu'elle déteste; le découragement l'accable, une peine profonde, un silence effrayant, s'emparent d'elle et la dévorent. Que faire dans des circonstances si critiques et si épineuses? A quelle détermination s'arrêter en des temps si difficiles et si orageux? Quel parti embrasser dans des jours si tristes et si déplorables? Auquel des sentimens qui la déchirent l'Espagne fidèle doit-elle donner le premier rang et la préférence absolue? Faut-il garder le silence et succomber au poids de tant de maux pour ne jamais paroître entaché de l'horrible accusation de soulèvement et de rébellion contre un monarque idolâtré? Mais alors on va représenter l'Espagne aux yeux du monde philosophique comme la fille favorite de l'athéisme et de l'impiété, et cette odieuse apparence seroit le plus grand de ses malheurs. Faut-il désobéir ouvertement, et résister sans feinte au torrent impétueux de tant de lois et de décrets que, sous le nom du souverain, répandent et publient les coryphées de l'erreur et les partisans de l'anarchie? Mais alors les nations de l'Europe vont croire l'Espagne infidèle à son Roi et armée contre lui; cette idée seule est un tourment insupportable. Ah! triste et malheureuse Espagne! ô ma patrie bien aimée! appelle à ton secours quelques-uns de tes fils chéris; consulte-les sur les chagrins qui t'oppressent, charge-les de remédier à des maux aussi grands, et ne doute pas qu'ils ne prodiguent leur sang pour ta félicité.

Il n'est pas besoin de les appeler, ils se présentent d'eux-mêmes : les plus illustres de ses fils viennent la consoler et prendre sur eux toutes ses infortunes. Ils vont confondre les impies et détruire leurs plans, renverser leurs projets, anéantir leurs calculs et leurs combinaisons; il n'y aura point de sagesse, il n'y aura point de prudence, il n'y aura point de force, il n'y aura point de conseil contre le Seigneur; il vaincra, et ses ennemis tomberont devant lui : telle est l'entreprise dont se chargent d'illustres Espagnols qui font leur cause de celle de Dieu et de la Patrie. Mais, parmi eux s'élève et brille tel que la rose parmi les fleurs et le cyprès parmi les arbres, un grand homme, un littérateur consommé, un digne Espagnol, un prêtre vertueux, un zélé ministre de Jésus-Christ, un serviteur dévoué de Marie des douleurs...... Puis-je prononcer son nom, mes frères, sans exciter dans vos âmes mille idées fatales, sans agiter vos cœurs des sentimens les plus pénibles.....? Le docteur Don Mathias Vinuésa, archidiacre de Tarragona et chapelain honoraire du Roi. Vinuésa! C'est lui, mes très-chers frères, oui, Vinuésa!!! Le prêtre Vinuésa!... Laissez-moi prononcer son nom une fois de plus, notre frère Vinuésa qui, mort et caché dans les entrailles de la terre, condamne et confond les impies qui vivent et foulent sa surface. *Condemnat autem justus mortuus vivos impios.* Sa vie entière consacrée à les dévoiler, à découvrir leurs erreurs, à prévenir les fidèles contre eux, et sa mort reçue en combattant pour une cause aussi sainte, sont les garans de cette vérité.

Personne de vous n'ignore, mes frères, que Don Mathias Vinuésa, après avoir terminé ses études dans le collége de Sainte-Catherine de Tolède, où sa conduite édifiante lui mérita, à l'âge de dix-sept ans, le glorieux surnom d'Homme de Prière, reçut le grade de Docteur en théologie sacrée, et après un concours brillant pour une prébende d'office de la cathédrale de Siguenza, remplit, avec l'exactitude et la vigilance la plus scrupuleuse, les pénibles et importantes fonctions de curé de Tamajon. Il les exerçoit encore, en 1808, quand les troupes d'un tyran, d'un monstre qui vouloit imposer des chaînes à l'Europe entière, envahirent, par une infâme trahison, notre terre infortunée pour attacher aussi l'Espagne à son char triomphal, en faire l'esclave de son empire scandaleux et le piédestal de son trône maudit. Ce n'étoit pas là son unique projet; ses plans s'étendoient plus loin encore; des intentions plus dépravées, des vues plus sinistres entroient dans ses desseins : et il n'avoit pu les cacher à Vinuésa. Vinuésa les connoissoit dans toute leur horreur; il savoit que l'abominable philosophie, assise en France depuis plusieurs années sur le trône de la vraie Religion, étendoit ses plans de conquête sur l'Europe entière, et envoyoit des émissaires dans tous les royaumes pour assassiner les monarques et abolir la loi de Jésus-Christ ; que les conséquences de ces projets abominables, et le dessein de ceux qui les mettoient en œuvre étoient de faire de l'Espagne une province de leur empire, de nous corrompre par leurs doctrines, et de remplacer les maximes de notre Religion, par celles de la philosophie (1). Ségur et Duroc envoyés en Prusse, Beimar à Londres ; des sansculottes, des jacobins, des philosophes consommés dans l'art d'intriguer, sortis de Paris pour se disperser et se répandre par toute la terre, tenant d'une main la torche de la discorde, de l'autre l'or et le poison qui séduisent, donnent la mort et font les conquêtes ; deux empereurs et deux rois assassinés ; Louis XVI et Marie Antoinette de Lorraine sur l'échafaud ; huit rois captifs ou obligés de

____

(1) Velen *Preservativo contra la irreligion.*

fuir; une multitude de princes, de souverains, de marquis, de comtes, de barons, presque toutes les têtes couronnées de l'Europe, chassés de leurs domaines ou soumis au joug de la France; Pie VI et son successeur, arrachés par la violence de leur Église, confinés dans un endroit obscur du même royaume; le premier mort sous le poids de ses infortunes, le second enchaîné sans communication avec les fidèles; le collége des cardinaux dissous ; des évêques intrus imposés à des diocèses dont les prélats légitimes n'avoient pas cessé de vivre; cent mille prêtres morts dans les supplices ou dans les prisons : tels étoient les documens irréfragables qui confirmoient Vinuésa dans ses jugemens et rendoient ses craintes trop justes. Ses craintes et ses jugemens le décidèrent à travailler sans relâche à confondre les impies.

En effet, il excite le patriotisme; il enflamme les peuples pour une lutte sainte et glorieuse; il soutient avec fermeté la cause de la nation, entretient le feu sacré des premiers mouvemens et de la haine ardente qui a été vouée au tyran; il anime les uns, échauffe les autres, et les électrise tous par des proclamations, des avis, une suite continuelle de nouvelles bonnes et saintement fausses, car il s'oppose toujours énergiquement à ceux qui répandent des idées de défiance et de crainte, telle fut sa conduite invariable jusqu'a la fin glorieuse d'une lutte sans exemple dans l'histoire et jusqu'à la confusion des impies ; alors il peut s'abandonner tout entier aux transports de la plus vive allégresse.

Mais quelles furent sa surprise et son affliction, quand il reconnut dans les papiers publics qui commencèrent à paroître dans cette capitale, et dans ceux qui avoient paru déjà sur plusieurs points du royaume, les doctrines perverses, les maximes séditieuses, les principes criminels qui tendoient à renverser l'Autel, et à détruire le Trône ? Ah ! sa plume heureuse et féconde peut seule exprimer ce qu'il sentoit. Ecoutez comment il le décrit lui-même dans l'un des ouvrages qu'il publia vers cette époque : « Je me trouvois, dit-il, à peu de dis-
» tance de cette capitale lors qu'elle fut évacuée
» par les troupes françaises et que les nôtres y
» firent leur entrée triomphale. Je m'empressai
» de venir joindre mes accens aux cantiques
» harmonieux et aux vives acclamations d'une

» population héroïque et fidèle; je voulus jouir
» avec elle de ses démonstrations franches
» d'ivresse et de bonheur, de sa sainte effusion,
» de la réception glorieuse de nos troupes, du
» plaisir inexprimable de voir leurs fronts parés
» des lauriers de tant de victoires mémorables,
» de cette journée de triomphe, d'allégresse et
» de réjouissance, et me livrant, dans ces pre-
» miers jours, au bonheur de contempler à la
» fois les vaillans guerriers de trois nations
» différentes; hors de moi, en songeant que
» notre capitale étoit libre enfin du joug ty-
» rannique de Napoléon; doucement agité des
» nouvelles favorables qui nous arrivoient du
» Nord, je me disois à moi-même, et je disois
» à mes amis : Enfin nous sommes heureux.....
» enfin elle a paru cette belle aurore si desirée
» sur l'horizon espagnol; un nouveau rayon
» de lumière a dissipé les épaisses ténèbres qui
» l'obscurcissoient. Tels étoient les transports
» de mon âme et l'extase de mon esprit; et,
» l'imagination exaltée de ces idées flatteuses,
» je m'écriai : Heureux les travaux qui nous
» ont conduits au temple de l'honneur, et
» nous ont permis de voir ces jours d'allé-
» gresse!

» Tout entier à ces rêves enchanteurs, je
» croyois pouvoir toujours me livrer au délire
» de mon imagination; mais combien passa-
» gères sont les satisfactions des hommes! que
» les jours de bonheur disparoissent prompte-
» ment de notre vue! que les gloires de ce
» monde sont entourées des épines doulou-
» reuses des afflictions!

» Quand mon cœur se réjouissoit sans me-
» sure des triomphes de nos troupes, la lec-
» ture des premiers journaux de cette capitale
» et de leurs raisonnemens politiques vint le
» remplir chaque jour d'une amertume tou-
» jours croissante..... » Ainsi s'expliquoit don
Mathias Vinuésa, et je dois ajouter, en me ser-
vant encore de ses propres paroles, « qu'il
» forma sur-le-champ le projet de s'opposer à
» ces journaux, croyant et confessant publique-
» ment que tel étoit son devoir, et le devoir
» le plus sacré que lui imposoient la Religion
» et la patrie. » Pour le remplir dignement, il
jugea qu'il seroit à propos de réimprimer et de
répandre dans toutes les parties de l'Espagne
l'ouvrage immortel du père Vélen, intitulé
avec raison : *Préservatif contre l'Irréligion, ou
les Plans de la Philosophie contre la Religion*

et l'État dévoilés. Après une mûre délibération, il s'arrête à ce projet, et il l'exécute comme il l'avoit conçu, sans se laisser intimider par les complots et les insultes des méchans. « Je ne me dissimule pas, disoit-il lui-» même, qu'en publiant cet ouvrage et mani-» festant mes idées, je serai en butte à tous les » outrages de ceux qui se glorifient des titres » pompeux de réformateurs, de libéraux, » d'amis de l'humanité et de la sagesse ; qu'ils » vomiront contre moi tout le venin de leur » haine, qu'ils m'accableront des traits de leurs » calomnies, qu'ils feront mouvoir tous les res-» sorts que leur indiquera leur malignité pour » me troubler, me rendre ridicule, me couvrir » de sarcasmes et de propos injurieux ; mais » rien ne m'intimide, rien ne m'arrête, rien » ne m'effraie, rien ne me décourage. » Ah! qu'un tel langage est chrétien et capable de confondre les impies!

Il le soutint dans son estimable ouvrage intitulé : *Préservatif contre l'Esprit public de la Gazette de Madrid*, ouvrage où il développe les doctrines anti-religieuses et anti-sociales, et dévoile leurs conséquences pernicieuses. Vinuésa s'y montre riche dans ses conceptions, harmonieux dans ses expressions, noble dans ses pensées, rapide dans son style. Il charme, il entraîne, il enchante, il se rend supérieur aux inventions de ses adversaires; et cet écrit fut un de ceux qui contribuèrent le plus, en 1814, à confondre les impies et à rendre à la Religion sa splendeur, au Roi sa liberté. Enfin, ses desirs sont remplis; il voit la Religion triompher par les sages et bienfaisans décrets de notre Monarque bienaimé. Il imite la conduite de ces guerriers hébreux, qui, suivant le récit de l'Esprit-Saint, tandis que l'on rebâtissoit Jérusalem, d'une main tenoient le glaive, et de l'autre relevoient les remparts de la Cité sainte. Après avoir défendu d'une main la Religion et le Roi, il se met à construire de l'autre dans le cœur des fidèles l'édifice spirituel de la dévotion. Ce temple et beaucoup d'autres de la capitale, cette image révérée, cette chaire, et vous-mêmes, illustres Servites (1), vous avez été les témoins de son zèle pour le salut des âmes. Le précieux livre qu'il composa pour

____

(1) Servites ou serviteurs de Marie, confrérie en l'honneur de la Sainte-Vierge.

votre usage, sous le titre d'*Origine des Ser-vites*, si bien rempli d'érudition, de maximes solides, d'admirables préceptes de vertu, d'une réunion d'instructions si propres à vous guider, que, lu souvent et pratiqué en tout ce qu'il prescrit, il suffit pour nous justifier et nous sauver, est une nouvelle preuve éclatante du zèle ardent qui le dévoroit.

La composition de ces écrits et d'autres ouvrages de piété, et les travaux continuels de la Chaire et du tribunal de la pénitence remplissoient tous les instans du prêtre Vinuésa, quand parut sur notre horizon l'aurore fatale de 1820, qui annonçoit une époque féconde en désastres. Les bannières de la rébellion et l'étendard de l'impiété déployés dans l'île de Léon obligeoient Vinuésa à reprendre les armes pour combattre, renverser et anéantir des monstres aussi barbares. Il les prend en effet, et commence à paroître dans les champs de bataille du Seigneur. Il forme des plans, rédige des proclamations, réunit des Espagnols fidèles, et prépare tout ce qui est nécessaire pour confondre les impies. *Les sujets qui se rassemblent pour attenter contre le Gouvernement sont des séditieux ;* la Religion *ne protège jamais la ré-*

volte : telle étoit sa maxime favorite ; il en fit la base de ses travaux et la devise de son glorieux projet.

Mais s'il vient à se découvrir, trouveras-tu en toi, ô Vinuésa ! la force et l'intrépidité indispensables pour soutenir les affronts, les injures, les calomnies dont les rebelles vont t'accabler, les amertumes, les peines, les chagrins, qu'ils te réservent, et la mort cruelle qu'ils te feront souffrir ? Auras-tu la sérénité d'âme et la présence d'esprit de contempler froidement les douleurs qui vont pleuvoir sur toi, dès l'instant où la faction impie se sera emparée de tes papiers et de ta personne ? As-tu fait le sacrifice de ta réputation, de ton honneur, de ta vie même ? Ah ! que j'étois irréfléchi ! Je faisois de semblables questions à Vinuésa, sans me rappeler le témoignage public qu'il donna, en 1814, de son héroïsme évangélique à tout supporter pour la défense de sa Religion et de son Roi. Ecoutons-le, mes frères, écoutons-le : « Je » pourrois craindre, disoit-il, les calomnies » des sages du jour, qui bornent leur courage » à l'appareil pompeux et magnifique de leurs » écrits et au sel piquant de leurs expressions ? » Loin d'un cœur noble et chrétien une sem-

» blable crainte! Je me sens toute la supério-
» rité d'âme nécessaire pour mépriser leurs in-
» vectives, et voir leurs insultes d'un œil in-
» différent. Je me sens assez d'énergie pour
» m'opposer de toutes mes forces à ce torrent
» impétueux des doctrines· subversives qui
» mine les fondemens de la Religion et de la
» patrie. Je baisserai plutôt mon front devant
» la hache des bourreaux, je présenterai plu-
» tôt un cœur tranquille au fer homicide, que
» de souffrir la honte de notre adorable Reli-
» gion, que de laisser obscurcir le flambeau
» éclatant de la foi par les vapeurs pestilen-
» tielles de ces écrits incendiaires, qui, sous
» les mots spécieux de liberté, de réforme, de
» gloire nationale, et sous les fleurs brillantes
» d'une éloquence efféminée, cachent l'infer-
» nal venin si funeste aux mortels imprudens.
» Enfin, je suis prêt à verser jusqu'à la dernière
» goutte de mon sang pour la défense de ma
» Religion; mais sachez que ce sang criera sans
» cesse au Dieu des vengeances contre les phi-
» losophes du jour, comme jadis le sang inno-
» cent d'Abel cria contre son frère Caïn, et
» que sa semence féconde fera naître mille et
» mille chrétiens. »

Qu'ils célèbrent tant qu'ils voudront ces hommes qui se disent sages, et qui sont bien moins chrétiens que gentils! qu'ils célèbrent les discours prononcés par les héros du paganisme, peu d'instans avant de se donner eux-mêmes la mort ou de subir le supplice! moi, ministre des autels, qui ne connois et ne veux connoître que Jésus-Christ et Jésus-Christ crucifié, je dirai toujours que ces paroles, prononcées, écrites et publiées par Vinuésa, telles que je viens de les rapporter, ont un mérite bien plus grand et bien plus réel que tous les discours de ces héros si vantés. Je dirai qu'elles ne s'apprennent qu'à l'école de notre sainte Religion, dans le livre des Évangiles, au pied du crucifix et par ses divines leçons.

Ne semble-t-il pas, mes frères, que don Mathias Vinuésa ait ainsi prédit son funeste avenir? qu'il ait prévu long-temps d'avance que son sang confirmeroit sa doctrine et confondroit les impies? Quelle fut votre allégresse, impies qu'il avoit combattus, quand vous apprîtes qu'au mépris de toutes les lois que vous aviez rendues vous-mêmes, Vinuésa venoit d'être arrêté et emprisonné. Le jour suivant, vous l'avez conduit de sa prison (et vous savez à quel dessein) à travers les rues, les places et les quartiers de cette capitale, l'exposant à une honte publique, et excitant la rage et la fureur de ceux dont les baïonnettes soutenoient votre pouvoir éphémère. Vous avez tenté de noircir sa réputation par des libelles calomnieux, que la pudeur et la décence publique traduisirent au tribunal de la raison, le seul alors qui admît des plaintes contre vous, et Vinuésa les confondit par son fameux manifeste, écrit dans la prison, et digne d'être comparé à la réponse d'Athanase aux accusations d'impureté dont les Ariens avoient tâché de le flétrir avant le concile de Nicée. Tout le temps de sa captivité, vous l'avez insulté et tourmenté; à chaque instant vous le menaciez d'un supplice prochain. Vous aviez peint sur les murs de sa prison l'échafaud où vous desiriez le voir monter; vous l'aviez privé de la consolation de célébrer la messe, et d'offrir à son Dieu le sacrifice de sa vie avec celui de l'Agneau sans tache, consolation qu'il desiroit si ardemment, et qu'il vous avoit demandée tant de fois avec de si vives instances. Enfin, vous lui annonciez par des chansons infâmes son supplice, dont vous étiez si avides; et la surprise vous glaça le sang dans les veines, lorsque sa sentence fut prononcée, sentence qui le condamnoit au préside, le mettoit à l'abri de la peine capitale, sentence qui, publiée dans les rues et dans les places, tranquillisa l'attente publique, rassura les honnêtes habitans, et rendit un peu de calme aux bons Espagnols.

Mais qu'entends-je? quelle rumeur! quelle confusion! quels cris! quel désordre! quel est cet attroupement qui se dirige vers la prison? Ah! mes chers frères, c'est une horde d'impies qui, dans une rage infernale, guidés par Satan et par Lucifer, armés de sabres, de poignards, de baïonnettes, de pistolets et de marteaux, vont assouvir leur vengeance sur le prêtre Vinuésa. Ils ont dit: «Opprimons ce juste, parce qu'il s'oppose à toutes nos œuvres. Sa vie condamne notre vie, ses actions sont un reproche muet mais continuel de nos actions; qu'il disparoisse de cette terre! Lavons nos mains dans son sang, effaçons-le du livre des vivans, pour que le nom de Vinuésa ne soit jamais répété. Nous avons juré d'exterminer les rois et les prêtres; commençons par ce prêtre; nous continuerons par les autres pontifes du Seigneur, et nous finirons par les rois.» Ils di-

sent, et s'apprêtent à exécuter leur dessein. Prépare-toi, ministre de Jésus-christ, prépare-toi
à souffrir la mort la plus cruelle et la plus
atroce..... prépare-toi..... C'est aujourd'hui ven-
dredi, et le soir commence; ce soir, ce ven-
dredi, te rappellent la terrible agonie qu'a
soufferte le fils de ton Dieu. Et vous, mes
frères, au milieu des angoisses d'une trop juste
crainte, contemplez les assassins : ils ont vaincu
sans peine la garde de la prison ; les portes
sont enfoncées, ils se précipitent en tumulte
dans l'appartement de Vinuésa! Que fera cet
infortuné prêtre? Il lève les yeux au ciel, et les
abaisse précipitamment vers la terre.... Le ciel
et la terre lui annoncent qu'il faut mourir. Il
regarde autour de lui : partout des bourreaux
cruels, partout de lâches assassins. Dans cette
affreuse situation , à qui va recourir Vinuésa?
à qui va-t-il se confier? A qui?.... Mes frères, à
la très-sainte Vierge... à la mère d'un Dieu crucifié.... à la mère des douleurs.... à la patrone
des Servites... Il fixe ses regards sur un tableau
des douleurs de Marie, il le saisit, le presse
dans ses mains, le serre contre son cœur, in-
cline sa tête sur lui...... et déjà d'énormes marteaux sont levés. Qu'allez-vous faire, in-

sensés?.... Sacrilèges, arrêtez!.... Ne voyez-vous pas que c'est un prêtre... un ministre de Dieu... un oint du Seigneur...? Vous ne m'écoutez pas! Mais c'est un citoyen placé sous la sauve-garde des lois, renfermé dans la prison, condamné par vos propres juges.... Vous ne m'écoutez pas! Mais c'est un homme désarmé, surpris par une honteuse trahison, hors d'état de se défendre. Vous ne m'écoutez pas! Rien, mes frères, rien ne les retient. Ils n'écoutent rien; les armes sont prêtes, les marteaux frappent la tête du martyr; quels coups sont portés sur sa sainte tonsure! Quelle horreur! quelle inhumanité! Vinuésa tombe! le crime est consommé : il n'est plus! Mais ce n'est pas assez. La rage de ces monstres n'est pas encore satisfaite : tous se disputent le honteux honneur de tremper leurs armes, leurs vêtemens et leurs mains dans le sang du prêtre Vinuésa. C'est encore peu : ils sortent dans la rue, en célébrant leur triomphe; ils se félicitent mutuellement, ils montrent avec orgueil à leurs amis leurs armes dégouttantes de sang; ils arrêtent dans leurs réunions ténébreuses de perpétuer ce haut-fait, d'en conserver la mémoire, de l'éterniser même, en prenant le marteau pour marque distinctive de leur héroïsme, et en le déclarant leur arme favorite. Quelle monstruosité, mes frères! que de crimes dans un seul crime! Avant de terminer ce discours, permettez-moi de m'adresser à ces bourreaux. Dites-moi, vils assassins, dites-moi : Les ours vous ont-ils engendrés? êtes-vous les frères des lions? avez-vous sucé le lait des tigresses de l'Hircanie? Qui a pu vous rendre si cruels et si inhumains? Ah! je ne le sais que trop! C'est la philosophie; la nouvelle, l'illustre, la philanthropique, l'humaine, la douce philosophie : voilà la bête féroce qui a dévoré Vinuésa: *Fera pessima devoravit eum.* Les lumières du xixe siècle, l'accroissement des sciences, les droits imprescriptibles de l'homme, la sécurité des citoyens, la liberté de la patrie, la philosophie, la nouvelle philosophie, voilà la bête féroce qui a dévoré Vinuésa: *Fera pessima devoravit eum.* La souveraineté qui réside essentiellement dans le peuple, les fers rompus, les chaînes brisées, le despotisme terrassé, la félicité que nous goûtions, la philosophie, la nouvelle philosophie, voilà la bête féroce qui a dévoré Vinuésa : *Fera pessima devoravit eum.* Non, ce ne sont pas les hommes, c'est une bête féroce, la plus cruelle, la plus sanguinaire de toutes, qui a dévoré Vinuésa : *Fera pessima devoravit eum.* C'est la philosophie, c'est l'impie philosophie, confondue par lui pendant sa vie et par son martyre.... Détestons-la, mes frères, abhorrons-la cette philosophie; vouons-lui une haine, une abomination sans terme, et demandons instamment à Dieu que l'âme de ce juste, de ce prêtre, dont la vie et la mort serviront toujours à la confusion des impies, repose dans la paix éternelle.

FIN.

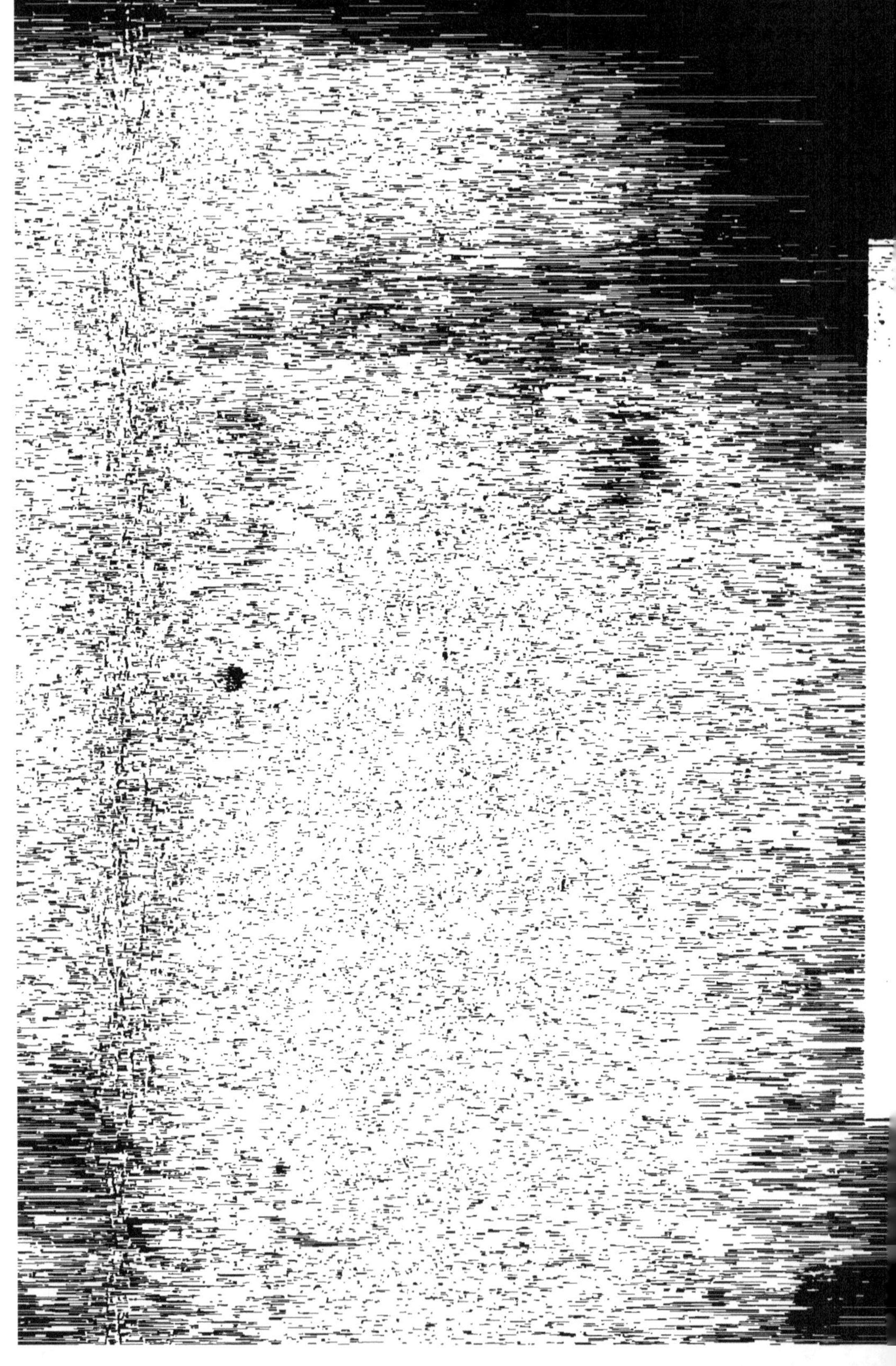